世界でいちばん
しあわせなふたり
になれる本

Opening Words

これから、だれかに深く愛されるあなたへ
これから、だれかを深く愛するあなたへ

いま、だれかに深く愛されているあなたへ
いま、だれかを深く愛しているあなたへ

いつか"世界でいちばんしあわせなふたり"
のうちのひとりになるあなたへ

この本を贈ります

Prologue

LOVE IS COMPOSED OF
A SINGLE SOUL INHABITING
TWO BODIES.

—— *Aristotle*

愛とは、
ふたつの肉体に宿る
ひとつの魂で
かたちづくられる

アリストテレスのこの言葉を鍵として、
この本の扉を開きたいとおもいます。

もともとは"ひとつ"なのだから、愛するひとのことを理解するのは、それほどむずかしいことではありません。
そればかりか、愛するひとを、しあわせにするとか、ふたり一緒に、"世界でいちばんしあわせ"になるということだって!

肉体はふたつでも、魂はひとつ。

言うなれば、そう、ふたりはひとつの"こころ"を共有しているのだということを、いつだって信じることができれば、

ひとを深く愛することも、
愛するひとから、深く愛されることも、
愛するひとをしあわせにすることも、
そうして世界一、しあわせなふたりになることも、
そうむずかしくはないはずなのです。

それなのに、どうしたって愛というものを、むずかしいものにしてしまうのが、人間のさがなのでしょう。

本当はむずかしいことではないのに、
世界一、むずかしいようにおもえてしまう。
むずかしいもののように扱ってしまう。

それが、私たち人間にとっての、愛というものなのかもしれません。

これは、そんな、世界で一番むずかしいことが、
世界で一番かんたんにできるようになる本です。

だれかを愛すること。

そのひとから愛されること。


それも、たった1日や2日や3日ではなく、1年も5年も10年も――ずっとずっと長く、深く愛されつづけること。

ああ、それってやっぱりむずかしい……

でも、どんなにむずかしそうに見えたって、そうなってみたいと思いませんか?

Episode

はじめまして。わたしは、結婚して4年目を迎えますが、彼は今でも付き合っていたころと同じように、わたしのことをたいせつにしてくれます。

わたしが疲れているときは、お皿を洗ってくれたり、マッサージをしてくれたり、ケーキをたくさん買ってきてくれる――なんてことは日常茶飯事（笑）。ふたりの記念日には、彼のほうがはりきって、何ヶ月も前から計画していたサプライズでわたしをびっくりさせてくれます。
この前の出逢って4年目の記念日には、彼がわたしを見つけた場所で、『あの日から、僕は日に日にきみに夢中になっていくんだ』とまじめな顔で話してくれました。

こんな夢のようなことが現実になるなんて——それも、わたしの人生に、こんな素敵なことがおこるなんて!
これからも、彼とめぐり逢わせてくれた神様に感謝して、ふたりでしあわせに歩みつづけていきたいと思います。

（29歳・事務）

ね？

こういうの、とってもいいでしょう？

それなら、愛というものは、じつはとてもシンプルな原則によって成り立ちうるということを、できるだけ早く、知ってほしいとおもいます。


もしも、あなたが115歳まで生きる予定だとして、今、4歳ならば111年分の、57歳なら58年分の、29歳ならば86年分の、大きな愛情に包まれるために。

そう、"世界でいちばんしあわせなふたり"になるために。

それも、世界で一番かんたんな方法で！

でも、どれくらいかんたんなの？

それはね……

この本のなかにある"プレゼント"から、あなたの好きなものを選んで、彼にさしだしてみるだけ、なんです。

でも、いったい
どんなプレゼントなの？

それはね……

ひとことで言うならば、

理解

という名前のプレゼントです。

"理解"だなんて、なんだか堅苦しい感じがするし、
ちっとも素敵じゃないみたい……

いいえ、そんなことはありません。

まずわたしからあなたに、これから10のプレゼントをお渡ししていきます。

あなたが、いつでも愛するひとに"理解"というプレゼントを贈ることができるよう、ご用意したものですが、それらは、実際のところ、まったく堅苦しいものではないし、むしろふたりの愛情をより深く、確かなものにするという意味では、これほど素敵なものはない、と言ってもいいくらいなのです。

でも、どんなふうに？

それはね……

ひらいてみてのおたのしみ！

とにかくそのプレゼントを、あなたが愛するひとにさしだすことができるようになること。
そうすれば、世界で一番むずかしいこと、そう、たいせつなだれかを深く愛し、そのだれかから深く愛されつづけるということを、世界で一番かんたんに実現できてしまうのです。

愛するひとからずっとずっと愛されつづけること。
愛するひともまた、あなたに愛されていることを
実感しつづけること。

愛情はふたりの間を日に日に豊かにめぐりめぐって——そしてあなたは、愛するひとと一緒に"世界でいちばんしあわせなふたり"になれるのです。

What is love? I have met in the streets
a very poor young man who was in love.
His hat was old, his coat worn,
the water passed through his shoes and the stars through his soul.
—— V. Hugo

愛とは何だろう？
街中で私は恋する貧しい青年に会った。
彼の帽子は古く，コートはすり切れて，
靴のなかは水でいっぱいだったが，
彼の魂は星の光に満たされ輝いていた。

V. ユーゴー

present

1

恋することは
“マカロンのような
男のプライド”
をかけた
たたかいである。

まず、最初にお話するのは、すべてのプレゼントのもととなる、一番たいせつなことについてです。

それは――

これです！
マカロンです。

でも、ただのマカロンではありません。これはお菓子屋さんのショーケースのなかではなく、あなたの愛するひとのなかにあるものです。

正しくは、あなたに恋をしたり、あなたを愛しくおもうことによって、彼のなかの最もたいせつな部分がマカロンのように、やわらかく、繊細に変化してしまうのです！

最もたいせつな部分とは、具体的にどこかというと……ここです。

すみません、ほんものそっくりな絵が描けませんでしたが、この絵であなたに伝えたいのは、すき焼きとか焼き肉をする鉄板のように固く頑丈な部分が、普段の"男のプライド"にあたるということです。

ところが、恋をするとそこが——

わお！

と、おどろくべき変わりようを見せるのです。

この部分が、普段は鉄板のように頑丈なのは、彼がそれをこんなふうに使用するからです。

ウリャー!!

盾！　そう、彼は盾のように男のプライドをその手にもって（目には見えませんが）、何かとたたかうときに自分のことを守るのです。

このたたかいは、男性の日常においてはしょっちゅうくりひろげられているもの。

女性のわたしたちには、いまいちピンとこないかもしれませんが、つねにプライドをかけてたたかっているのが、男の人というものなのです。

仕事でも、趣味でも、そしてあなたのことを好きになったり、愛したりするという場面においても！

しかし、恋や愛という場面における男のたたかいは、ちょっといつもと、ようすが違うようです……

あれ？

威勢がいいのはいつもと変わらないのですが、その手にもっている鉄板のように頑丈だった男のプライドが”マカロン“になってしまっているではありませんか！

そう、恋をすると、男の人のプライドはマカロンのようにやわらかく、繊細になってしまうのです。

彼の名誉のためにことわっておきますが、これは彼が恋しているあなたにたいしてだけです。世界中でたったひとり、あなたにたいしてだけ、です。

他の場面においては、彼は頑丈なままですから、ご安心ください。

……ということで、まずあなたにお渡ししたいのは、このプレゼントです。

『恋することは、
”マカロンのような男のプライド“をかけたたたかいである』

この”理解“は、わたしたちがある特定の、ひとりの素敵な男性と恋におちる前に、ぜひともハートのなかに、こっそりかくしもっておきたいプレゼントです。

このプレゼントにおいて一番、重要なのは、

『彼は世界中でたったひとり、あなたにたいしてだけ、いつもの強い彼ではなくなってしまう』

ということ。

それも、鉄板がマカロンになるかのような、あまり格好のよくない変化をせざるをえないのです。

これは本人にとって、最も予期せぬ、最も受け入れがたい事実です。だって、男たるもの、いつも鉄板のように頑丈でいなければ！　このようにおもっているのは、他でもない、本人なのだから。

だから、恋をしたり、愛しく感じる相手に出逢うと、男性は少なからずショックを受けます。

鉄板のようであるべき自分が……

こんな姿になっちゃうなんて!!!

Gravity is not responsible
for people falling in love.
—— A. Einstein

人が恋に落ちるのは，
重力のせいではない。

A. アインシュタイン

present

2

恋をすると男性は、
かんたんに
傷ついてしまう
ようになる。

恋をすると、頑丈なプライドがマカロンのようにやわらかく、繊細になってしまう。
そんな彼に、さらに追い打ちをかけるように、ショッキングなできごとがおこります。

それは、今まで、ちっとも傷つかなかったようなことで、いちいち傷つくようになってしまうということ。

これはもちろん、鉄板のような男のプライドがマカロンのようになってしまったから、なのですが、あなたとの関係のなかで、この事実を実感するたびに、彼はショックを受けるのです。

かんたんに
ヒビわれて
ゆく・・・

でも、だからといって、あなたのことを愛しく感じる心は、消えてはくれません。
それどころか、日ごとに強くなっていくではありませんか！

そうして結局、マカロンのような男のプライドを盾に、それでもたたかうしかないという状況に追いやられてしまう……そんな彼のプライドを、容赦なく傷つけてしまうものがあります。

それは——

あら、この小鳥ちゃん、いったいどこから飛んできたのでしょう?

それは、あなたの心のなかです!

ほら、彼のプライドがマカロンのようになってしまうのは、世界でたったひとり、あなたにたいしてだけだったでしょう?
あなた以外の人にたいしては、彼のプライドは、トンカチでたたかれてもヒビひとつ入らない、固い鉄板のまま——つまり、

彼にとっては、あなただけが
特別な”プリンセス“なのです。

ここでお渡ししたい2つめのプレゼント――。

『恋をすると男性は、かんたんに傷ついてしまうようになる』

彼のマカロンのプライドにたいして何かをする――たとえば、クチバシでつついて傷つけることができるのは、あなただけです。

これはつまり、彼のマカロンが傷つかないように守ることができるのも、あなただけということです。

小鳥さえ
つつきにこなければ
こわいものなし！

それならば、守ってあげようではありませんか！

どうして？

それには、とてもたいせつな、こんな理由があるのです。

左の絵が理由です。

絵のなかをよーく見てみてください。マカロンの間にはさまっているクリーム——これが彼のなかの〝愛するちから〟です。

愛するちから

だれのことを愛するちから？

もちろん、あなたです。

つまり、マカロンが傷つく――ヒビが入ってしまったり、どこか一部がけずりとられてしまうようなことがあると、あなたのことを愛するちからにも深刻な影響が（被害が！）あるということ。
マカロンが傷つくと、あなたを愛するちからもダメージを受け、弱くなってしまうのです。

きみのこと
愛するちからが
どんどん弱まるー

これは、はっきり言って困ります。

だって、愛するひとには、いつも自分のことを愛していてほしいですからね。

願わくば、その愛するちからは日に日に強まるようであってほしいものです。

きみのこと
なにがあっても
いつでもどこでも
どんなときも
命をかけて
愛します！

だから、わたしたちは、愛するひとのマカロンが傷つかないように守ってあげなくちゃいけないのです。それは彼のため、というよりは、むしろ自分自身のため――あなたが愛するひとから愛されつづけていくために、必要な努力です。

彼のマカロンはあなたのことを愛するちからの貯蔵庫のようなもの。

彼のマカロンが守られ、輝くほど、あなたを愛するきもちは強まります。

ところが、彼が傷つくと、あなたを愛するちからが弱まってしまう……

輝く！

→ 愛するちから

強まる

傷つく。

→ 愛するちから

弱まる

愛されるためには、彼のマカロンが傷つかないように守ってあげるやさしさが必要なのです。

と、あなたはがぜん、やる気がでてきたに違いありません。

でも、どうやったら彼のマカロンが傷つかないように守ってあげられるのでしょう？

One can bear grief,
but it takes two to be glad.
—— E. Hubbard

悲しみに耐えるのは孤独でもできるが,
喜ぶとなるとふたり要る。

E. ハバード

presents

3

あなたの心が
彼にたいする
プラスのきもちで
満たされたとき、
彼の“愛するちから”は
守られる。

小鳥が飛んで行ってしまうのは、じつは、あなたの心のなかにある小鳥の巣が、彼にたいする否定的なきもちでいっぱいになって、小鳥がそのなかにいられなくなったときです。

巣が㊉のきもちで満たされているとき、小鳥は安心してそのなかにいられます。

ところが㊀のきもちが占領すると、小鳥はそれに押し出されるようにして巣から飛び出してしまうのです。

巣から飛び出した小鳥さん
は、一直線に彼のマカロンめが
けてつきすすみ……

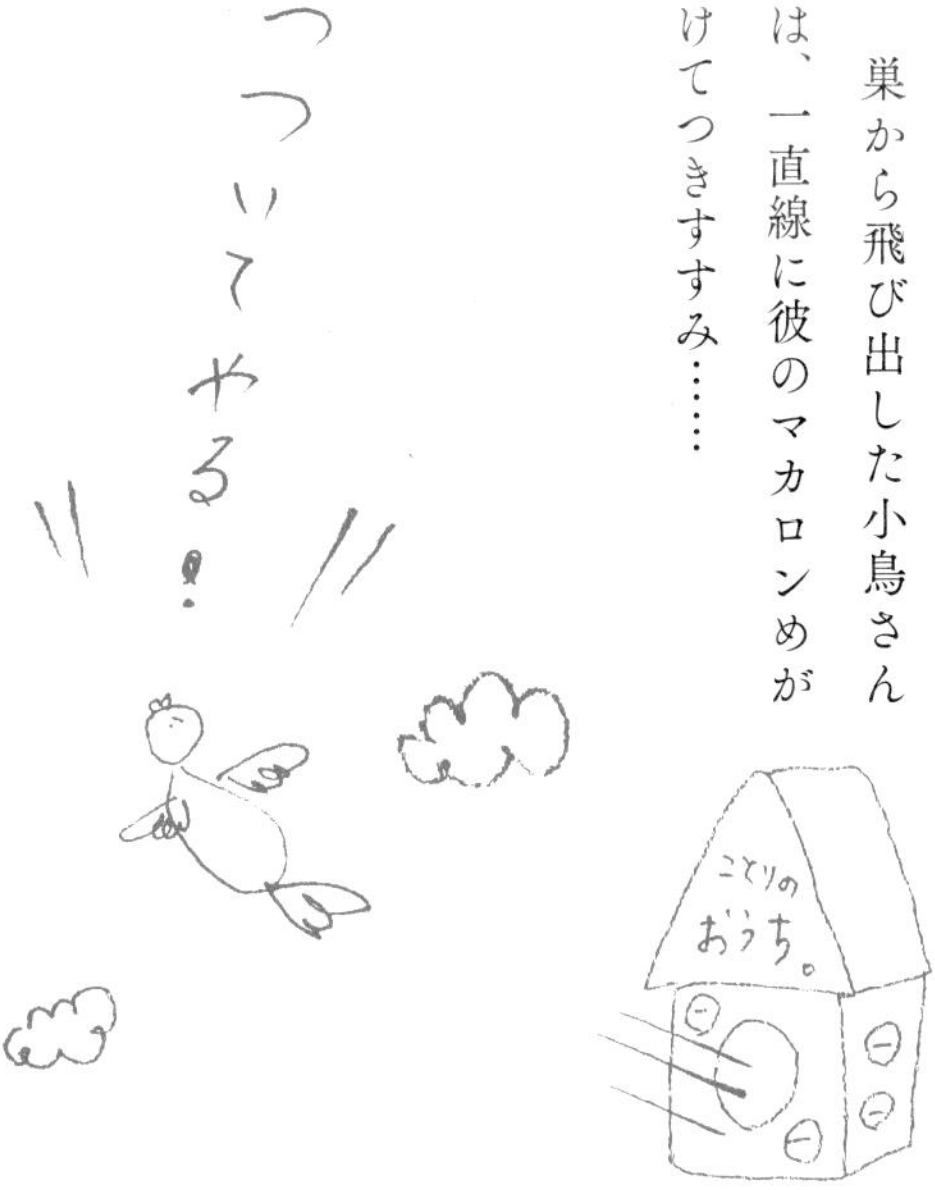

ハナァー…!!

バリッ…

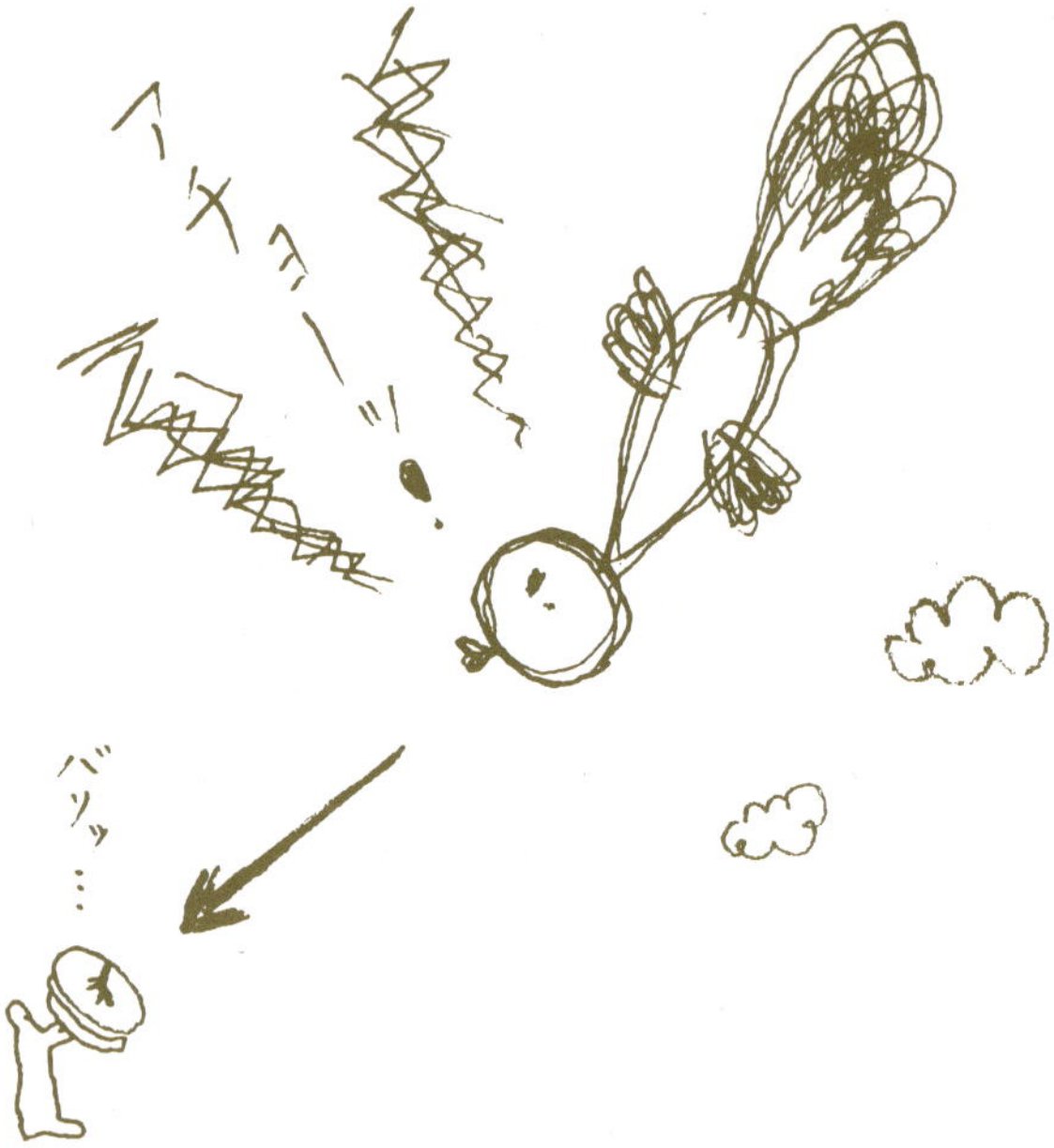

こんなことにならないようにするためには、彼にたいする否定的なきもちができるだけ生まれないようにすること！

そこで3つめのプレゼントは――

『あなたの心が彼にたいするプラスのきもちで満たされたとき、彼の"愛するちから"は守られる』

というものです。

でも、いったいどうやって？

じつは、すべての否定的なきもちがここから生まれる！というお母さんのような存在がいます。

なんだかとってもこわそう……
もうすこし拡大してみましょう。

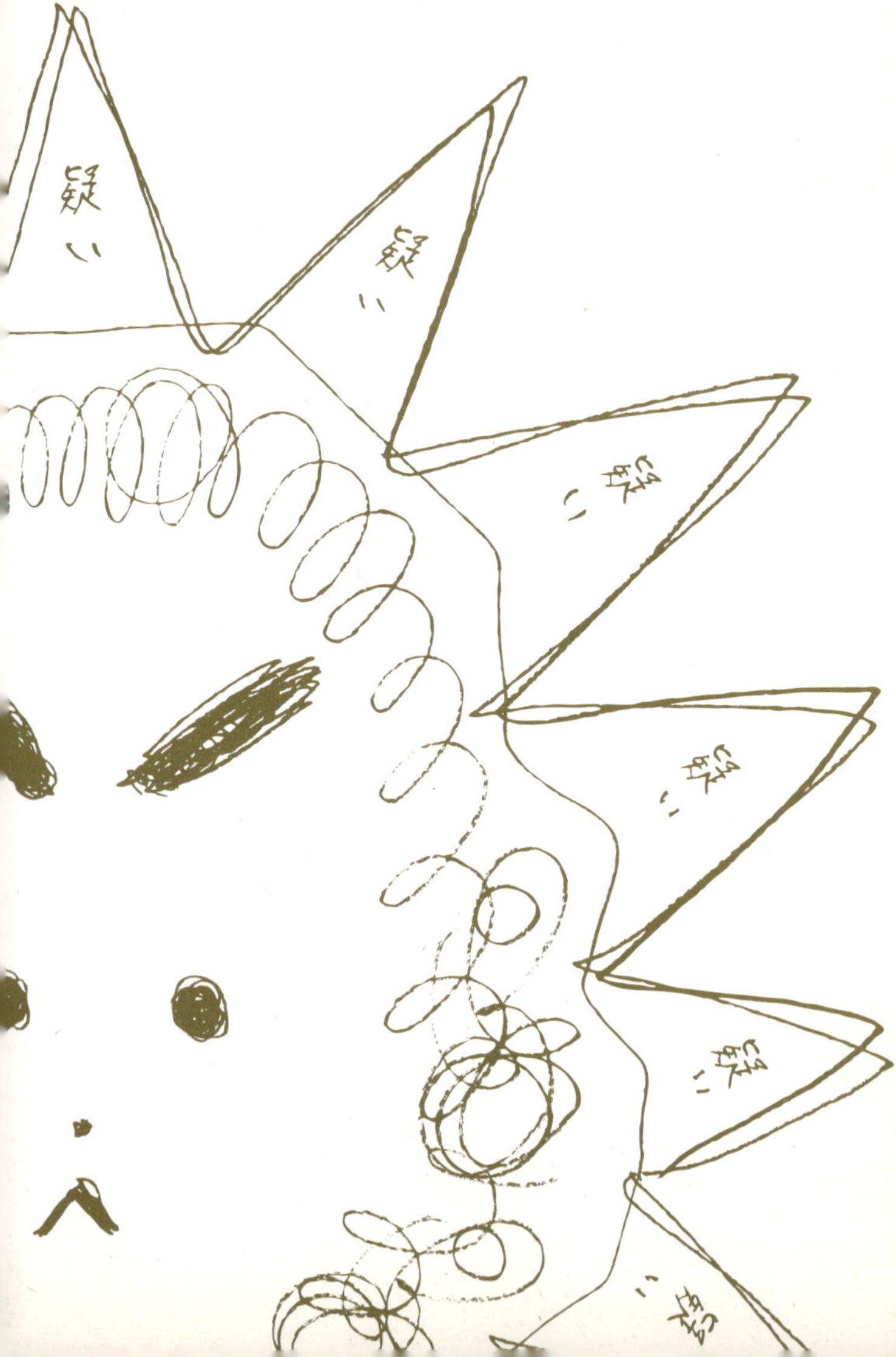
疑い
疑い
疑い
疑い
疑い
疑い

あら？　ひとつひとつのトゲのなかに何か書いてありますね……「疑い」と書いてあるようです。

この絵から考えると、どうやら、否定的なきもちを生み出すお母さんは、「疑い」でできているのだと言えそうです。

この「疑い」のツノから次々と生まれる否定的なきもち——怒りや悲しみ、不安や不満、それにストレス、悩み、そこから思わず口をついて出てしまうグチや文句……などなど、挙げだしたらキリがありません！

残念ながら、軍手をしてひっこぬこうとしたって、このツノはぬけるものではありません。
あなたから否定的なきもちがあふれだし、彼のマカロンが傷ついていき、そしてこの状態を放っておけば、こうなってしまうのも時間の問題……

ちょっと待って！


これは、できれば避けたいことですよね。

だって、彼のマカロンが寝込んでしまったら、あなたを愛するきもちが弱まってしまうのだから。

そしてあなたには、彼から愛されつづけているというしあわせな状態こそがふさわしいに決まっているのだから。

その状態を実現できるのは、彼のマカロンを守るあなたのちからなのです。

あなたの心が彼にたいするプラスのきもちで満たされたとき、
彼の“愛するちから”は守られる。

Forget injuries,
never forget kindness.
—— Confucius

傷ついたことは忘れなさい。
しかし，思いやりは決して忘れてはならない。

孔子

presents

4

“信じること”が、
彼のマカロンを守る
一番の方法である。

この4つめのプレゼントは、お話こそ短いけれど、
この先に登場するすべてのプレゼントのもととなる、
とても大切なひとつです。

彼のマカロンを守るために、あなたにできること、しなければならないこと。

それは、彼にたいしてあふれだしてしまう、否定的なきもちをなんとかする――それを生み出しつづける"お母さん"をどうにかするということです。

たとえば、こういう感じに――

信じる
信じる
信じる
信じる
信じる
信じる
信じる

あら？　さっきまでとがっていたツノがすっかりまるくなっています。そのなかに書いてある言葉も変わっているみたい……『信じる』と書いてありますね。

幸いにも、否定的なきもちの〝お母さん〟は、コワイ顔をしていますが、頑固者ではありません。あなたが、今日から彼を信じようとおもっていることを――そのきもちがあることを認めたとたん、すぐにそのトゲをまるめ、にこやかな表情になってくれるのです。

“信じること”が、
彼のマカロンを守る一番の方法である。

ツノがまるくなったところから、彼にたいする⊕のきもちが生まれます。穏やかで、寛容で、ほほえみやときめき、感謝、よろこび、安心、希望などで満たされた、およそ人が愛というものから得られる、ありとあらゆる、しあわせなきもち。

そんなあたたかい心のありかたが、彼のマカロンを守るはたらきをします。

つまり――

『“信じること”が、
彼のマカロンを守る一番の方法である』

これが、ぜひたいせつにしてほしい4つめのプレゼントです。

あなたのなかの信じるきもちが強く揺るぎないものとなり、⊕がたくさん生み出されていけばいくほどに、彼のマカロンはしっかりと守られるのです。

We are shaped and fashioned
by what we love.
—— J. W. Goethe

私たちは愛するものによって
かたちづくられ，
築かれる。

J.W.ゲーテ

present

5

“かたち”になる
“おもい”は、
実際に心のなかにある
“おもい”のうちの
半分以下である。

信じるきもち。

このきもちさえ、彼にたいしてもちつづけることができれば、あなたは彼のマカロンを、しっかりと守ることができます。

これは、彼が心の深いところで、あなたをどのようにおもっているか、ということについて理解することで、自然ともてるようになるきもちです。

Q.
では、彼は心の深いところで、あなたのことを、
どのようにおもっているのでしょう?

A.
『きみは、僕のたからものだ!』

"かたち"になる"おもい"は、
実際に心のなかにある"おもい"のうちの半分以下である。

え？ そんなの信じられない？

だって、目の前の彼はちっとも
そんなこと言ってくれないもの！

……なんておもってしまっていても、それをムリに変えようとする必要はありません。

ただ、彼のなかのこの部分だけは本気で、あなたのことを"たからもの"だとおもっていると、信じてみてほしいのです。

そう、この部分です。

"かたち"になる"おもい"は、
実際に心のなかにある"おもい"のうちの半分以下である。

これは、彼の全体においては
ここらへんに相当します。

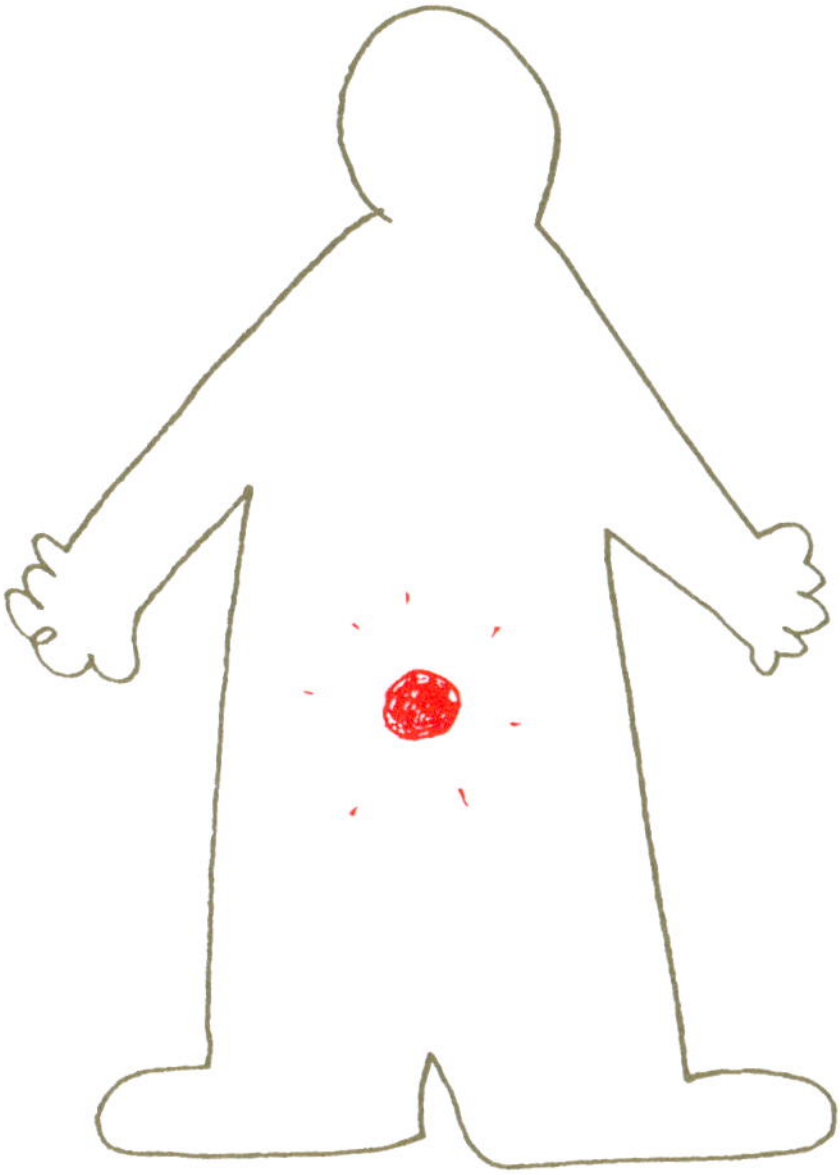

そう、おヘソです。

彼の全体にたいして、なんてちいさな一部なのでしょう！

だけど、まさにおヘソのあたりに、おヘソくらいのサイズで、彼のマカロンのプライドはあるのです。
そして、この部分が、そのすべてをかけておもっていることがあります。

自分にとって世界でいちばんたいせつなもの、なんとしても守るべきものは……

きみだ！

ということなのです。
しかし、そこは彼の全体にたいして、あまりにもちいさいため、彼をおもいのままにうごかすことができません。

どんなにあなたのことをおもっても……

休みの日にお昼まで寝てしまう自分の体をまずベッドからひきずりだし、あなたに電話をかけさせ、「今日の夜、久しぶりに食事にでも行こうか？」なんてセリフを言わせることが、困難なときがあるのです。

マカロンの
言うことぜんぶ
してあげたいけど
でも

やることが
たくさんあって
うごけないときが
あるんだ……

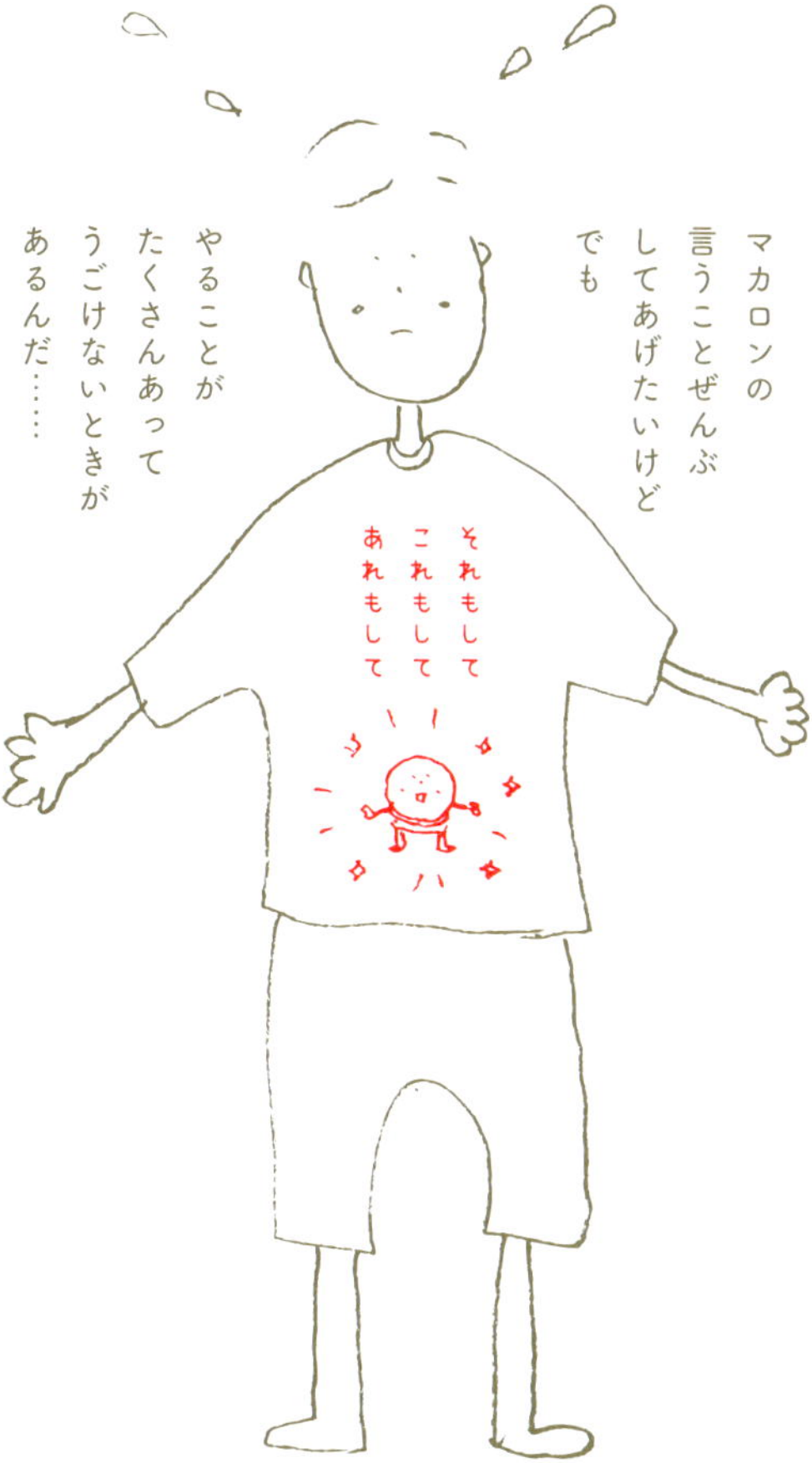

マカロンは100パーセントの愛情で、365日、いつだって彼に、あなたのために何かをさせようと指示をだしつづけています。

けれど、それにもとづいて彼が実際にうごけるかどうかは、そのとき彼のなかに、あるいは外にあるさまざまな事情や状況によって決まる——しかもそれらは、マカロンにたいしてとても大きなものであることが多いのです。

これが、マカロンがどんなに一生けんめい、あなたのことをおもっていても、それが、なかなか"かたち"にならない第一の理由です。

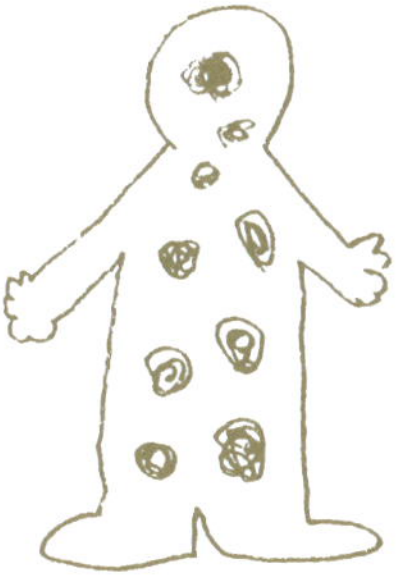

もしかしたら、
今、彼のなかは
こんな感じなのかも……

あるいはこんななかに
閉じ込められて
いるのかもしれません。

“かたち”になる“おもい”は、
実際に心のなかにある“おもい”のうちの半分以下である。

人はだれしも、毎日毎日、これでもかというほど「考えなくちゃいけないこと」や「やらなくちゃいけないこと」を抱えています。

あなたがそうであるということを思い出せば、彼もまたそうなのかしら、とおもえるようになるのではないでしょうか。


彼のマカロンの”おもい“と、彼があなたにたいしてしてしまうことや見せる態度は、必ずしも、いつもぴったりと一致しているわけではないのです。

”おもい“が”かたち“になるまでにはたくさんのことを乗り越えなければならず、どんなにあなたのことをおもっていても、すべてを”かたち“にできるわけではないのです。

”かたち“は、いつも”おもい“より、とても少ない――それは、ほとんどの場合、”おもい“の半分以下であるのが現実です。

このことは、あなたが彼を愛するきもちについて考えてみれば、よくわかるのではないでしょうか。


たとえば、あなたがだいすきな彼のために、心をこめ、一日かけてビーフシチューを煮込んだとして、その一皿は彼にたいするあなたの”おもい“の、はたしてどれだけを、相手に届けてくれるでしょうか？

おそらくすべての〝おもい〟のうち10分の1——
いいえ、100分の1かもしれません。

同じように、彼がこの前の誕生日にあなたにプレゼントしてくれた一粒の可愛いパールのネックレスは、彼があなたをおもうきもちの、ほんのわずかな一部が〝かたち〟になったものなのです。

このように考えてみると、愛するひとにたいしてわたしたちが何かすることの裏には、その何倍、何十倍、ときに何百倍もの"おもい"があるのだと、理解できることでしょう。

とくに！　それが男性の、女性をおもうきもちになると、こんな感じのたたかいが、マカロンと彼とのあいだでくりひろげられるようになるのです。

"かたち"になる"おもい"は、
実際に心のなかにある"おもい"のうちの半分以下である。

マカロンのたたかい

1

ねえ、彼女に
メールしたら？

今、
忙しいんだ！

2

10回目

ねえ、彼女に
メールしたら？
ねえ、彼女に
メールしたら？

忙しーの！

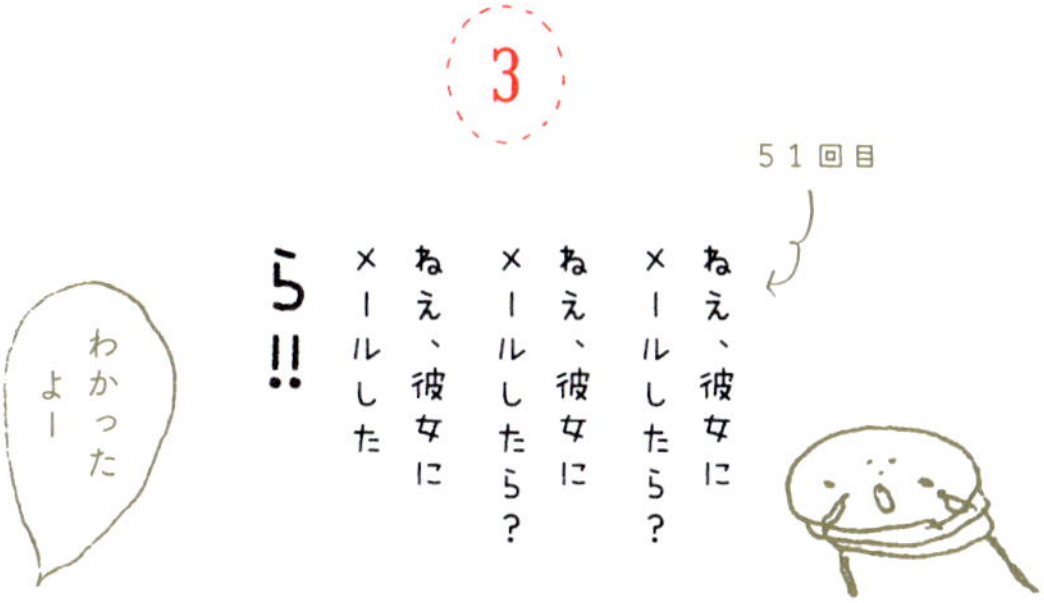
3
51回目
ねえ、彼女にメールしたら？
ねえ、彼女にメールしたら？
ねえ、彼女にメールしたら!!
わかったよー

4
53回目
にして念願達成!!

このように、たった1本のメールでも、彼をとりまく状況がそれをゆるさなければ"50回"以上もマカロンはそれを主張しなくてはなりません。

そう、ひとつの"おもい"を"かたち"にするのは、マカロンにとっては、まさに"たたかい"のようであるのです。

このことをおもえば、彼は、意外とたいへんなおもいをしてあなたを愛しているのだということがわかります。

あなたの愛するひとのマカロンが、今、彼のなかで、どんな状況を打ち負かすために、何を叫んでいるのかは、残念ながらつきとめることができません。

それでも、あなたのしてほしいと思っていることを、なんとしてでも実現するよう、叫びつづけているのではないかしら……と考えてみることはできると思うのです。

そう、たとえ彼があなたのために何もしてくれなかった日だって——

"かたち"になる"おもい"は、
実際に心のなかにある"おもい"のうちの半分以下である。

マカロンがいくら叫んでも、彼がその〝おもい〟を〝かたち〟にすることができずにいるのは、決して彼の腰が重すぎるからではありません。

『〝おもい〟を〝かたち〟にすることを妨げるものが、あまりに強大すぎるものだから』と考えてあげるのが、マカロンにとって——いいえ、彼にとって、とてもやさしいやりかたなのだとおもいます。

思い出して。男の人というものは、ふだんは鉄板のようなプライドをかけてたたかっているのだということを。そのたたかいにかまけているあいだは、「忙しい」のひとことで、マカロンの声はいともたやすく封じられてしまうのです。

あるいは、鉄板のように頑丈であるべき自分が、あなたをよろこばせるために、仕事帰りにケーキを買ってみたり、話題の映画のチケットをとるために行列に並んだり、はたまた〝お姫さま抱っこ〟したりするなんて……「そんなの、恥ずかしいじゃないか！」「そんなことをして何になる？」といった、うちなる声も、妨げになっているのかもしれません。

彼のマカロンは、おへソサイズです。あなたからすればほんのささいなことだって、マカロンにとっては、とてもたいへんな力を要することです。

つまり、彼があなたに何もしてくれないことは、あなたをちっともおもっていないこととイコールではないのだということ。

彼は、その心のなかにあるあなたへの”おもい“を、ただ”かたち“にできずにいるだけである可能性のほうがずっと高いのです。

期待しているようなことを何ひとつ、彼がしてくれないと、わたしたちは少なからず傷つきます。

その結果、気分がドンヨリ落ち込むことは避けられませんし、ときに彼をトゲトゲ責めたくなったり、心をガチガチにこわばらせてしまったりするわけですが、そうすると——

バリッ!
あ゛…

こんなことにならないためにも――愛するひとのマカロンが傷つけば、あなたを愛するちからは弱くなってしまいますからね――わたしたちは次のことを肝に銘じておく必要が、どうやらありそうです。

『“かたち”になる“おもい”は、実際に心のなかにある“おもい”のうちの半分以下である』

彼の“おもい”が“かたち”となって、あなたに届く日も、そうでない日も、いつも、いつも、彼は変わらず、あなたのことを愛しているのです。

“かたち”になる“おもい”は、
実際に心のなかにある“おもい”のうちの半分以下である。

If it is true that there are as many minds as there are heads,
then there are as many kinds of love as there are hearts.
—— L. N. Tolstoy

頭の数だけ思考があるというのが真実なら，
心の数だけ愛の形もあるはずだ。

L. N. トルストイ

present

6

彼があなたに
したことで
あなたが傷つくと、
彼も傷つく。

ここでもうひとつ、明確にしておきたいのは、
次のような関係図です。

①あなたが傷つく
←
②㊀（彼への否定的なきもち）があふれだす
←
③彼も傷つく

ひとことで言うと、あなたが傷つくことで生まれる㊀のきもちが彼を傷つける、ということです。

ん？ なんだか、まどろっこしいですね……
もっとシンプルにしてみましょう。

あなたが傷つく↓彼も傷つく

これならシンプルですね。

彼があなたにしたことであなたが傷つくと、
彼も傷つく。

恋とか愛において傷つくという経験をしたとき、わたしたちは、「相手によって傷つけられた」と理解します。わたしたちの心を支配してしまう、そんな深く悲しいきもちの根底では……

「彼はわたしを愛していないから、
こんなことをしたのだ」

という疑いが生まれています。

でも、これがとんでもない考えちがいであることは、いままでお話してきたマカロンについての事実が明らかにしています。

ちょっと冷静になってマカロンのことを考えてみれば、すぐにわかることなのです。

でも、どうしてこんな考えちがいをしてしまうのでしょう?

それは、あなたが彼のことをどこかで信じきれていないから、かもしれません。

その、ほんのすこしの疑いが、彼のしたことについて間違った理解を生み出し、あなたの心を傷つけてしまうのです。


そう、あなたを傷つけるのは彼ではありません。

彼のことを、彼があなたを愛するきもちを、疑うあなた自身のきもち――このトゲトゲの"コワイお母さん"です!

彼がわたしのこと愛してるなんて、
もう信じられない!!

彼がしたこと、あるいはしてくれなかったことを、あなたが彼の愛を疑いながら受けとめたとき、あなたの心には、このトゲトゲの〝コワイお母さん〟が生まれ、あなたの心を傷つけます。

そして、その傷口からは、彼にたいする㊀のきもちがどんどんあふれでて、彼のマカロンを攻撃してしまう……こうして、かわいそうなマカロンは、あなたが傷つくほどに傷つき、あなたのことを愛するちからまで弱まっていってしまうのです。

いつだって、あなたのことをおもっているのに。

それをただ、〝かたち〟にできなかったというだけなのに。

そこで傷つくか、傷つかないかは、じつは彼ではなく、あなた自身にかかっているのです。

たとえば、「彼からメールが来ない」ということを、「そんなこともできないのは、私のことを愛していないからなのではないかしら?」と彼の愛を疑いながら受けとめれば、当然、傷つきますよね。

でも、『今日はすごく忙しくて、できなかったんだわ!』と彼の愛を疑わずに受けとめれば、そこまで傷つくことはなくなるのではないでしょうか。

彼がしたことを、彼を疑うきもちによって受けとめたために、あなたが傷つき、その傷が深ければ深いほど、その傷口からあふれだす⊖の量は増えます。

それが彼のマカロンのことも深く傷つけてしまう。

『彼があなたにしたことで
あなたが傷つくと、彼も傷つく』

このプレゼントは、あなたのことも彼のことも、両方を守るものであるのです。

ですから、愛するひととの関係においては、できるだけ自分の心が傷つかないようにすること！

それは、つまり、
彼の愛を疑うのではなく
彼の愛を信じる道を選ぶ
ということです。

Being deeply loved by someone gives you strength,
while loving someone deeply gives you courage.
—— Lao Tzu

だれかに深く愛されると，力がわく。
だれかを深く愛すると，勇気がわく。

老子

present

7

あなたの
“信じるちから”は、
彼のマカロンの傷を
いやし、
さらに輝かせる。

『彼の愛を信じる』って、いったい、どういうことでしょう？

ご安心ください。むずかしそうにおもえても、それはとてもシンプルにできることだから！

ひとことで言えば、

『彼のなかのマカロンが、今、
おもっている3つのことを信じる』

ということです。

その3つとは――

ひとつめ

今日もきみのことが
世界でいちばん
たいせつだ!

ふたつめ

それなのに!!!

なんでかこんなに
することがたくさんあるから
摘んできた花のうちの
たった2本しか届けに行けないけど!
それでも、絶対きみのこと…

みっつめ

明日はもっと
たいせつだ！

どう？　これならかんたんでしょう。

どんな"今"も、彼のマカロンはあなたにたいして、こんなきもちでいるのだと信じてみること。

たとえば、彼があなたにしたことで、あなたの心が傷ついたときに。その傷口から、彼にたいして否定的なきもちがあふれだしてしまいそうなときに。

具体的に言えば、彼にたいして

「ヒドイ！」とか、

「どうしてそんなことするの？」とか、

「もう信じられない……」とか——

そんな㊀が生まれてしまいそうなときに。

そこで、あなたの心が丸ごと、トゲトゲの「疑い」でできたあの〝コワイお母さん〟になってしまうまで放っておいてはいけません。

どこか一部がそうなりかけたら、すかさず信じてみること！

彼のなかのマカロンが今、あなたについておもっていることを。そう――

I Love You!

彼が、あなたをイライラ怒らせるようなときも、
彼は、あなたがたいせつなのです。
彼が、あなたをモヤモヤ悩ませるようなときも、
彼は、あなたがだいすきなのです。

彼が、あなたの心をガチガチにこわばらせるようなヒドイことをするときも、彼は、あなたのことがだいじなのです。

彼が、あなたの心をトゲトゲに逆なでするような無神経なふるまいをするときも、彼は、あなたのことが愛しいのです。

彼が、あなたのすべてをドンヨリ落ち込ませるような「ワカラナイ！」行動をとるときも、彼は、あなたを心から愛しているのです。

どんなときも、このように『彼の愛を信じる』ということ——

このあなたのやさしさによって、彼のマカロン＝あなたを愛するきもちは、守られていくのです。

さらによいことに！

彼の愛を信じると、マカロンの傷はおどろくべき速さで治り、さらには、あなたのことを〝それまでよりもずっと強く愛するちから〟となってマカロンを輝かせます。

『あなたの〝信じるちから〟は、彼のマカロンの傷をいやし、さらに輝かせる』

きみのおかげだ

これは、わたしたちが愛するひとにさしだすことのできる、一番やさしいプレゼントなのだとおもいます。

そのような意思はなくても、傷つき傷つけあう、ということが、愛するひととのあいだにはよくおこるものです。どんなに相手を理解しようと努力しても、疑うきもちは、とてもテゴワイものですからね。

でも、そんなときも、たくさんあっていいのです。だって、そこで、やっぱり彼の愛を信じようとおもうことができれば、あなたの心からは⊕があふれだし、愛するひとのマカロンをよりパワーアップさせて復活させる――

つまり、彼にもっと深く愛されるという夢を実現させることができるのですから！

A dream you dream alone is only a dream.
A dream you dream together is reality.
—— J. Lennon

ひとりで見る夢はただの夢想。
一緒に見る夢は現実になる。

J. レノン

presents

8

考えることで
“彼の愛を信じる道”を
選ぶこと
それが、マカロンを
守るということ
である。

傷つくことは、必ずしも、痛いだけではありません。
つらいだけでも、苦しいだけでもありません。
たいせつなのは、そのときにあなたがどちらの道を選ぶのか、ということなのです。

彼の愛を疑うのか、
それとも彼の愛を信じるのか——

もしも、彼のことを、あなたの信頼に値する立派な男性だと感じているのなら、彼を疑って心が⊖であふれそうになるときに、ちょっと立ち止まって考えてみてもいいのではないかしら、と思うのです。

たとえば、彼のなかのマカロンは、そのとき、どんなことをおもっていたのかな、ということについて、じっくりと。

察するということは
〝そうではないかしら?〟
と考えてみるということです。

たとえば、彼が会社からの帰り道……
道端に咲いている可愛いお花を見つけて……

きみのために摘んでかえろっ！

とおもったとしても——

考えることで"彼の愛を信じる道"を選ぶこと
それが、マカロンを守るということである。

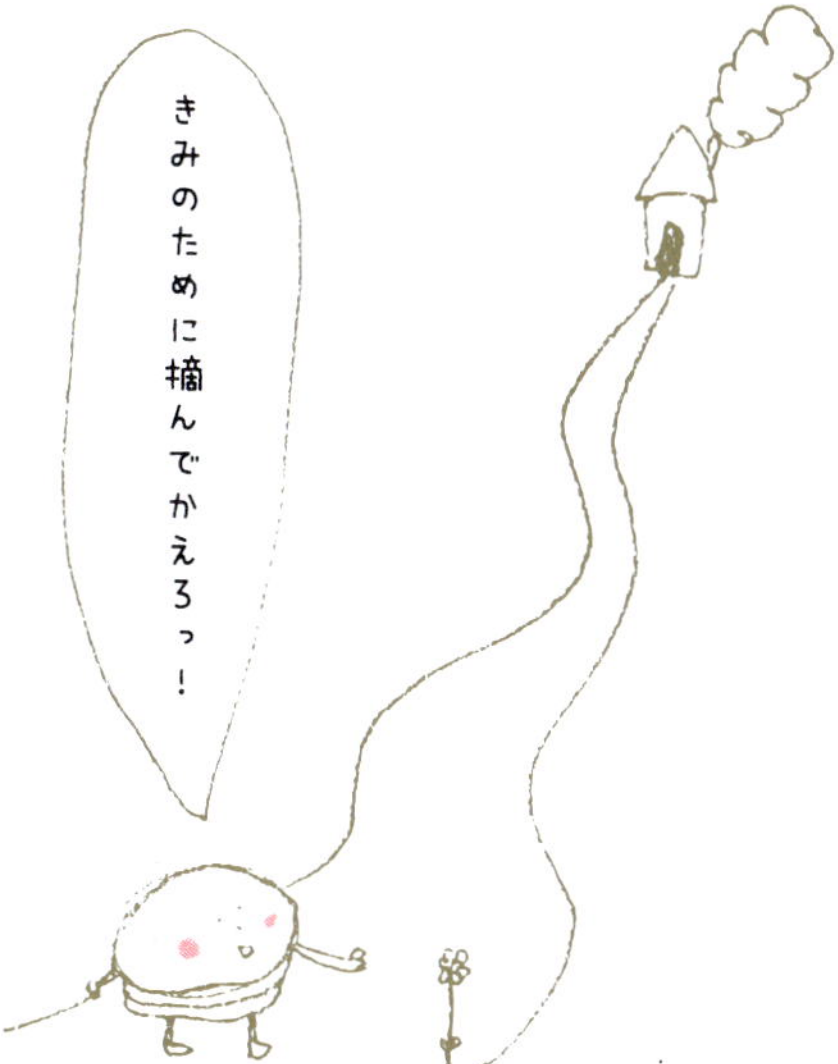

急に横なぐりの激しい雨と
信じられない暴風が吹き荒れて、
摘んだお花が手から落ちてしまった!!

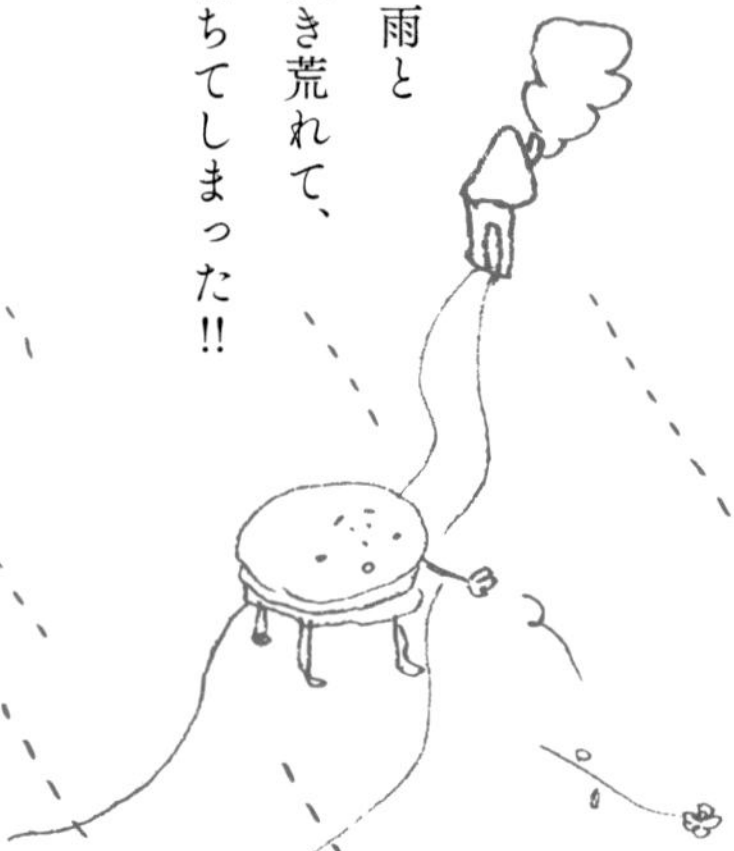

”もしかしたら、そんなことがあったのではないかしら？“

あなたの心を傷つけるのは、彼の行為そのものではなく、それをあなたが、どのように理解したのか、ということ――自分自身の考え方でこそあるのでしょう。

『考えることで"彼の愛を信じる道"を選ぶこと
それが、マカロンを守るということである』

これが、8つめのプレゼントです。

彼があなたをちゃんと愛しているのだというところに結論を見いだせれば、心がそこまで傷つくことはありません。彼のマカロンも傷つきません。

とすれば、たとえばこんなふうにも考えることができるとおもうのです。

彼があなたのだいすきなアップルパイじゃなく、
レモンパイを買ってきたという"大事件"がおこった場合——

もちろん、レモンパイひとつで傷つき、「もう、わたしのこと愛してないのね！」なんておもうことはないでしょうが……これはあくまでも、たとえです。

これまでに何度かは、いいえ、もしかしたら何度だって、覚えがあるはず。あなたが彼にのぞむことを、彼がしてくれなかったとき、つい「わたしのこと、ちゃんと見てくれてる？」「わたしのこと、もう愛してないの？」なんておもってしまったことが。

でも、ちょっと待って。

彼のなかのマカロンは、あなたののぞみをかなえることができなかった、ふがいない自分に男泣きしている……のではないかしら？

『そうよ、きっと何か
理由があるんだわ』

もしもこのように考えることができたなら、こんな素敵な笑顔で、彼と向き合うことができるでしょう。

当たり前のことですが、愛するひとを傷つけたくて何かをする人なんていませんよね。

ということは、彼があなたにどんなことをしたときも、あなたを傷つけようとしてしたのではないと、理解できるようになるのではないでしょうか。

To understand everything is
to forgive everything.
—— *Buddha*

すべてを理解するということは，
すべてを許すということ。

ブッダ

presents

9

彼はいつも、
どこでも、どんなときも、
変わらぬ強さで、
あなたをおもい
つづけている。

ひとりの人が、ひとりの人を理解できる割合は、いったいどれくらいのものでしょう?
正確にはじきだされた科学的なデータがあればよいのですが、あいにく、そのようなものは見たことがありません。

ただ、わたしたちのほとんどがおもっていることは、「それって、とっても少ない割合なのじゃないかしら?」ということではないでしょうか。

とくに、愛するひとについては、愛すれば愛するほど、理解することのむずかしさが身にしみます。

もっともっと、理解したい。でも、よくわからないところだらけ……こうして、あまりにも深刻になって理解しようとすると、こんな顔になっていってしまうのです。

ああーーっ、これ、よくない兆候ですね。

あの、トゲトゲがつきでた"コワイお母さん"になりかかっています。

もちろん、わたしたちは、愛すればこそ、相手のことをもっとよく知りたい、理解したい、わかってあげたい——とおもうものですが、それでもとうてい、相手のすべてを理解できるものではありません。

きっとそれは、宇宙とか世界とか、それくらい大きな広がりをもつものなのでしょう。
あなたの内側がそうであるように。

でも、それでいいのです。

『彼はいつも、どこでも、どんなときも、
変わらぬ強さで、あなたをおもいつづけている』

この9つめのプレゼントでお伝えしたいことは、実際のところ、わたしたちが愛するひとについて理解しようとするときに、おさえておくべきことは、たったひとつでいい、ということです。

それは、彼の愛情は彼のおヘソの部分で、一番、たいせつなものとして、いつの日も輝きつづけているのだということ。

ただそれだけ、そのことだけです。

愛するひととの関係におけるいろいろは、とてもむずかしいもののように見えることがあります。だから、わたしたちは、悩んだり、苦しんだり、傷ついたりして、「どうしたらいいのかわからない」というところにまで自分をおいつめてしまうことも、しばしば。

でも、愛するひとがあなたに求めていることは、じつはとてもシンプルです。

それは、いつも——とまではいかずとも、できるだけ自分のことを、信じていてほしいということ、ただそれだけです。

つまり、彼のするひとつひとつについて、

おだやかなきもちになれるように
やわらかなきもちになれるように
あたたかいきもちになれるように
やさしいきもちになれるように

考えてみること。
そして何より――

しあわせなきもちです♥

という状態でいることなのです。

Love is our true destiny.
We do not find the meaning of life by ourselves alone,
we find it with another.
—— T. Merton

愛こそが本当の目的地なのである。
人生の意味は独りで見つけるものではなく，
愛するひとと共に探すものなのだ。

T. マートン

present

10

あなたのしあわせが、
彼のあなたを
愛するちから
そのものである。

これまでにお渡しした9つのプレゼント。

そのすべてを同時にさしだすことは、さすがにむずかしいかもしれませんね。

でも、思い出してほしいのです。

彼のしたことで傷ついたり、彼に対してイライラしてしまったり、トゲトゲ、モヤモヤ、そんなきもちに支配されて、心から㊀があふれだしてしまいそうになったときに。

彼のおヘソのあたりにいる、あのちいさなマカロンの存在を!

『彼は、あなたを愛している』

この理解にもとづいて、彼のすることひとつひとつを肯定的に受け入れること。

そうすれば、あなたはいつもこんな顔で、彼のすることひとつひとつと向き合っていくことができるはずなのです。

そうそう、この顔！
これこそが、彼の愛するちからの源です。

『あなたのしあわせが、
彼のあなたを愛するちからそのものである』

これが、10個めのプレゼントです。
あなたには、ぜひ自信をもって、また勇気をもって、このプレゼントを心のなかにひそませておいてもらえたらとおもいます――

だって、あなたは、彼に愛されているのだから。
だって、彼は、あなたを愛しているのだから。

Epilogue

『愛とは、
ふたつの肉体に宿るひとつの魂で
かたちづくられる』――アリストテレス

この言葉が真実であることを、わたしたちは愛するひととの関係において、たしかめることができるのだと思います。

それは、ふたりの関係に行き詰まりが生まれたとき、自分をこえて相手のことを理解しよう、思いやろうとする――そのように、愛というものがはたらくからなのでしょう。

まったく違ったように見える〝ふたつ〟が、じつは〝ひとつ〟であったのだ、とそのように考えてみることで、相手のことをはねつけず、わからないからといって拒否せずに、理解しよう、思いやろう、そうして相手のことを受け入れようとするちからが生まれます。

たとえ自分が相手によって傷つけられたと感じたときにも、自分のことはひとまず脇に置き、相手のことを理解しよう、そして、それでも信じようとするちからが生まれます。

そう、〝ふたつではなく、ひとつである〟——そのようにおもって生きていくことで、わたしたちはどんなときも、希望をもって愛するひとを見つめることができるようになるのです。

もしかしたら、あなたを愛するひとの命は、その希望のなかでしか生きていくことができないのかもしれません。

あなたがそうであるのと同じように。

ふたつの命がひとつの道を歩みはじめるということは、ひとつの〝こころ〟がふたつの肉体に宿されたことの悲しみを、手をとりあってこえていくということであるのでしょう。

愛するひととのあいだに「わからないこと」や「理解しにくいこと」がふいに現れて、傷つき、深い悲しみにとらわれてしまったときに、勇敢にも『相手にプレゼントを贈るという選択をすること』――そうやって、希望や喜びをもって、ふたつの命がその悲しみのなかから抜け出すことができるよう努力することなのだとおもいます。

あなたがそのように努力するときに、その努力は愛されていることへの〝おかえし〟であり、また愛していることの〝あかし〟であると感じることができたなら、それが〝しあわせなふたり〟のはじまりなのだとおもいます。

そして、ふたりは、そこから〝世界でいちばん〟を目指して手と手をとりあい、歩んでいけるのだとおもいます。

上原愛加

LOVE IS COMPOSED OF
A SINGLE SOUL INHABITING
TWO BODIES.

―― *Aristotle*

世界でいちばん
しあわせなふたりになれる本

2013年9月10日　第1刷発行

Special Thanks to you!

著　者　上原愛加
発行人　脇谷典利
編集人　土屋俊介
編集長　遠藤励起

発行所　株式会社学研パブリッシング
〒141-8412 東京都品川区西五反田2-11-8
発売元　株式会社学研マーケティング
〒141-8415 東京都品川区西五反田2-11-8

印刷所　中央精版印刷株式会社
製本所　株式会社若林製本
編集協力　福島結実子
デザイン　諸橋藍（釣巻デザイン室）

[この本に関する各種のお問い合わせ先]
電話の場合、編集内容については、TEL:03-6431-1473(編集部直通)
在庫、不良品(落丁・乱丁)については、TEL:03-6431-1201(販売部直通)
文書の場合は、〒141-8418 東京都品川区西五反田2-11-8 学研お客様センター
『世界でいちばんしあわせなふたりになれる本』係
この本以外の学研商品に関するお問い合わせは、TEL:03-6431-1002(学研お客様センター)

※お便りは、本シリーズにたいして読者のかたから届いたものです。
本人の許可をとり、一部編集を加えて掲載させていただきました。